LA ELECTRICIDAD

WITHDRAWN

POR SALLY M. WALKER
FOTOGRAFÍAS POR ANDY KING

EDICIONES LERNER • MINNEAPOLIS

ediciones Lerner
Una división de Lerner Publishing Group, Inc.
241 First Avenue North
Minneapolis, MN 55401 EUA

Dirección de Internet: www.lernerbooks.com

Library of Congress Cataloging-in-Publication Data

Walker, Sally M.
    [Electricity. Spanish]
    La electricidad / por Sally M. Walker ; fotografías por Andy
King.
       p. cm. — (Libros de energía para madrugadores)
    Includes index.
    ISBN 978–0–8225–7717–1 (lib. bdg. : alk. paper)
    1. Electricity—Juvenile literature. I. King, Andy, ill. II. Title.
QC527.2.W3518 2008
537—dc22   2007004101

Fabricado en los Estados Unidos de América
1 2 3 4 5 6 – DP – 13 12 11 10 09 08

CONTENIDO

DETECTIVE DE PALABRAS

¿Puedes encontrar estas palabras mientras lees sobre la electricidad? Conviértete en detective y trata de averiguar qué significan. Si necesitas ayuda, puedes consultar el glosario de la página 46.

aislante	circuito	ión
átomos	conductores	núcleo
carga eléctrica	corriente	órbita
carga negativa	electricidad estática	partículas
carga positiva	electrones	polo

CAPÍTULO 1
LA ELECTRICIDAD Y NOSOTROS

Hace mucho tiempo, la gente iluminaba sus casas con velas. Hoy la mayoría de las personas usan la electricidad. La electricidad es una forma de energía. La energía eléctrica se puede usar de muchas maneras.

Mira a tu alrededor en el salón de clases o en casa. ¿Qué aparatos eléctricos puedes ver? ¿Lámparas? ¿Una computadora? ¿Un televisor?

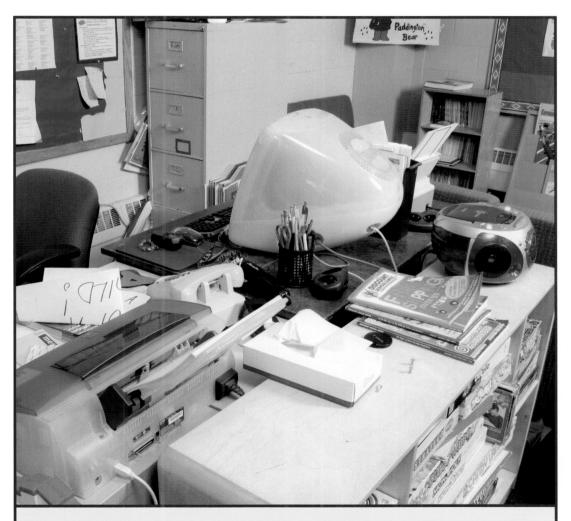

La electricidad se usa en todas partes a nuestro alrededor, desde radios y computadoras hasta semáforos y faroles.

La electricidad es útil, pero puede ser peligrosa. Así que apréndete estas normas de seguridad. No toques los contactos. Nunca metas nada en los contactos. Mantén los cables y los aparatos eléctricos lejos del agua. No toques cables eléctricos rotos o quebrados. Nunca intentes abrir una pila. Aléjate de los cables eléctricos exteriores. Quédate en casa durante una tormenta eléctrica. Los relámpagos son electricidad.

La electricidad es potente. Puede herir o incluso matar a las personas.

Los científicos cuidan su seguridad. Asegúrate de contar con la ayuda de un adulto cuando hagas experimentos.

Los experimentos que encontrarás en este libro son seguros. Pero antes de hacerlos, habla con un adulto. Es posible que quiera ayudarte a experimentar.

¿Cómo enciende la lámpara la electricidad?

CAPÍTULO 2
LOS ÁTOMOS MARAVILLOSOS

Cuando prendes la lámpara, la electricidad enciende la bombilla. Pero ¿dónde comienza la electricidad? Comienza en el interior de unas partículas diminutas que se llaman átomos. Los átomos son tan pequeños que no podemos verlos.

10

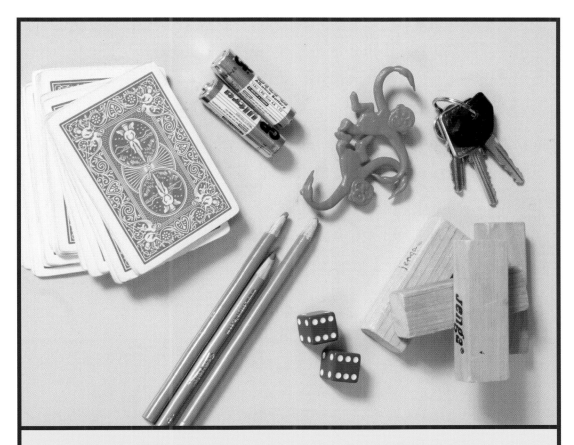

Todas estas cosas están hechas de átomos. Los diferentes tipos de átomos se combinan de maneras distintas para crear todas las cosas.

Todo a tu alrededor está hecho de átomos. Hay más de 100 tipos de átomos. Los átomos se pueden unir de muchas maneras diferentes. Por eso, hay sustancias diferentes, como el aire, las manzanas y los juguetes.

El átomo tiene tres partes principales. Estas partes se llaman protones, electrones y neutrones. Los protones y los electrones tienen energía eléctrica. La energía eléctrica de un protón se llama carga positiva. La energía eléctrica de un electrón se llama carga negativa. Los neutrones no tienen carga. El átomo entero tampoco tiene carga, porque los protones y los electrones se neutralizan.

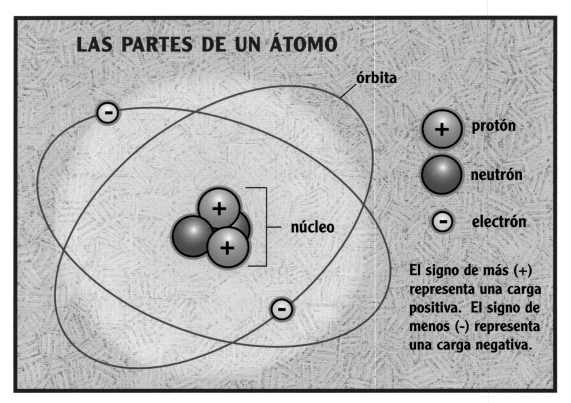

LAS PARTES DE UN ÁTOMO

órbita

núcleo

protón

neutrón

electrón

El signo de más (+) representa una carga positiva. El signo de menos (-) representa una carga negativa.

Estos niños y niñas están parados unos cerca de otros. Son como protones y neutrones apretados en el núcleo de un átomo. Si ellos son el núcleo, ¿dónde estarían los electrones en esta fotografía?

Los protones y los neutrones están en el centro del átomo, que se llama núcleo. Los electrones giran alrededor del núcleo. Este camino circular se llama órbita. Algunos electrones giran cerca del núcleo; otros siguen órbitas más alejadas.

Cuando frotas dos objetos, los electrones se mueven. A veces, un electrón se sale de su órbita. Cuando pasa eso, se dice que ese es un electrón libre.

¿Sabías que cuando acaricias a un perro, es posible que estés moviendo electrones? Frotar el pelaje de un animal puede sacudir los electrones.

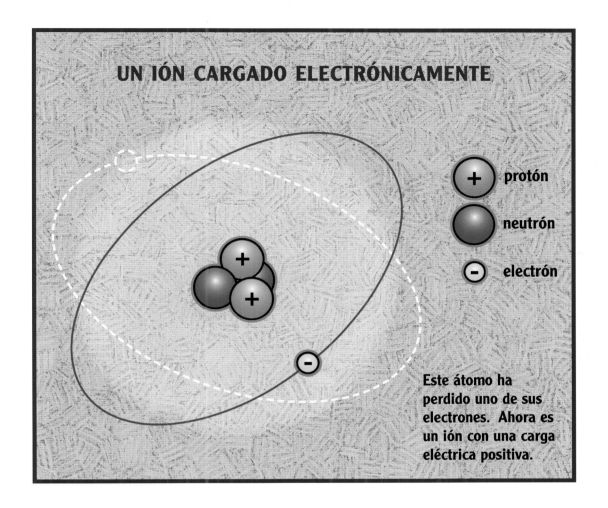

UN IÓN CARGADO ELECTRÓNICAMENTE

+ protón

neutrón

− electrón

Este átomo ha perdido uno de sus electrones. Ahora es un ión con una carga eléctrica positiva.

Un electrón libre puede saltar a otro átomo. Cuando los átomos ganan o pierden electrones, se convierten en iones. Un ión es un átomo con una carga eléctrica. Los iones con electrones de más tienen una carga negativa. Los iones con electrones de menos tienen una carga positiva.

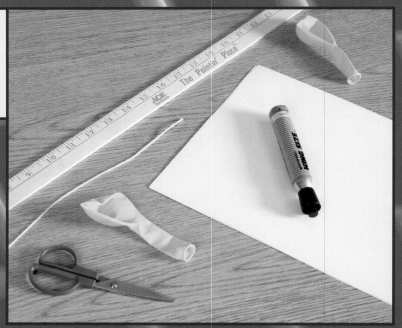

CAPÍTULO 3
LA CARGA ELÉCTRICA

La mayoría de los objetos no tienen carga eléctrica. Pero un objeto puede cargarse eléctricamente cuando pierde o gana electrones. Puedes comprobarlo por ti mismo. Necesitarás dos globos, una hoja de papel, un cordel de 16 pulgadas de largo (200 centímetros de largo), una regla, un marcador y tijeras.

Dibuja varios círculos del tamaño de una moneda pequeña en la hoja. Recorta los círculos y colócalos sobre una mesa. Dibuja una *X* muy pequeña en cada globo. Infla los dos globos y átalos con un nudo.

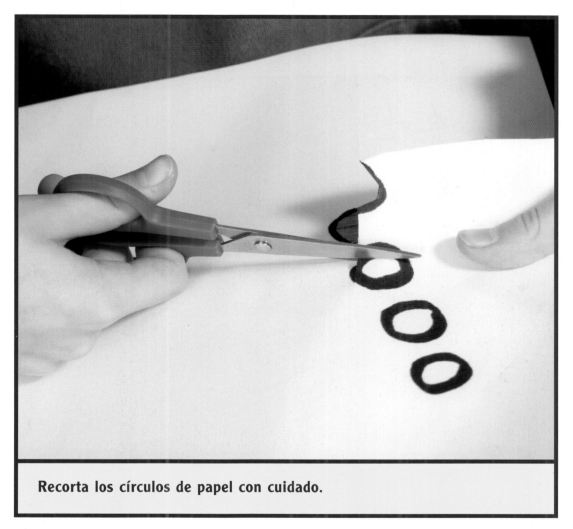

Recorta los círculos de papel con cuidado.

Toma uno de los globos. Frota la *X* contra tu cabello 15 veces. Al frotar, la fricción hace que algunos electrones de tu cabello se salgan de sus órbitas. Estos electrones libres pasan de tu cabello al globo. Ahora la marca de la *X* en el globo tiene electrones de más. Eso quiere decir que tiene una carga negativa.

En cada uno de tus cabellos, hay millones de electrones. Al frotar el globo contra tu cabello, esos electrones se sacuden.

Observa atentamente los círculos de papel.

Ahora coloca la *X* del globo 1 ó 2 pulgadas (2.5 ó 5 centímetros) por encima de los círculos de papel. ¿Qué sucede? Los círculos se pegan al globo. ¿Por qué?

Un tipo de electricidad llamada electricidad estática sujeta los círculos de papel al globo. La electricidad estática es la energía creada entre dos objetos con cargas diferentes. Las cargas diferentes también se llaman cargas opuestas. Las cargas opuestas se atraen.

La electricidad estática hace que el papel se pegue al globo.

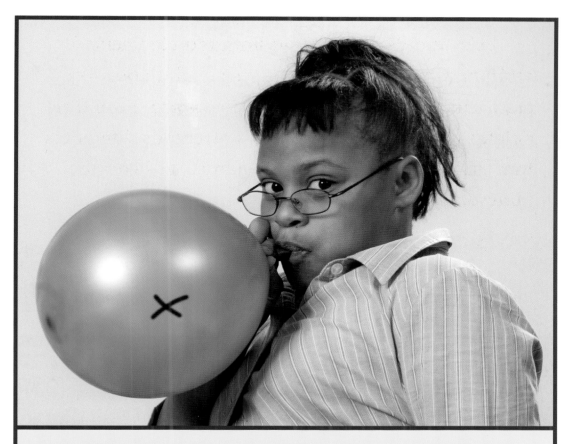

¡La X indica el lugar! La *X* de tu globo te ayudará a saber qué parte del globo está cargada.

La parte del globo que marcaste con una *X* tiene una carga negativa. Esa marca negativa atrae las cargas positivas de los círculos de papel hacia el globo. Se crea electricidad estática y el papel y el globo se pegan.

Dos objetos con el mismo tipo de carga tienen cargas iguales. Las cargas iguales se repelen, o se alejan entre sí. ¡Compruébalo! Ata una punta del cordel alrededor del nudo de uno de los globos. Ata la otra punta al extremo de la regla. Coloca la regla sobre la mesa de manera que el globo quede colgado como un anzuelo en un sedal. Levanta el globo. Frota la X contra tu cabello 15 veces. Luego, suelta el globo.

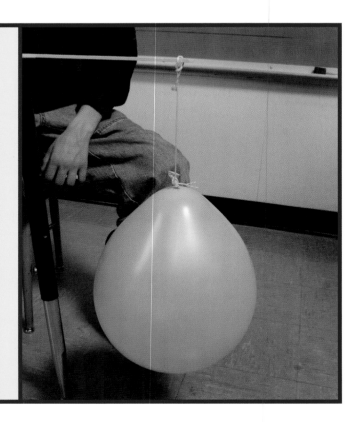

Después de frotar el globo contra tu cabello, deja que cuelgue del cordel.

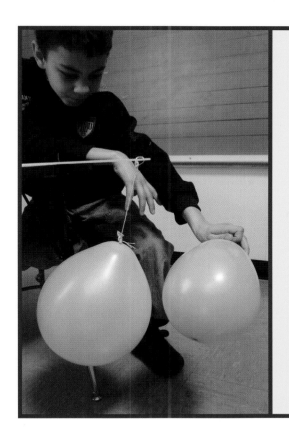

Puedes usar la energía estática para mover el globo colgado sin tocarlo.

Levanta el otro globo. Frota la X contra tu cabello 15 veces. Intenta que la X de este globo toque la X del globo que está colgado (pero no toques el globo colgado con la mano). ¿Qué sucede? La X del globo colgado se aleja del globo que tienes en la mano. ¿Por qué? Los dos globos tienen una carga negativa. Las cargas iguales se repelen.

La electricidad estática puede hacer que tu cabello se pare así, pero sólo durante un momento. ¿Por qué la electricidad estática no dura mucho tiempo?

CAPÍTULO 4
LAS CORRIENTES Y LOS CIRCUITOS

La electricidad estática sólo dura un momento. Necesita más electrones libres para durar más. Cuando dejas de frotar el globo contra tu cabello, los electrones dejan de pasar al globo. Eso quiere decir que la electricidad estática también se detuvo. Pero si siguen pasando electrones al globo, la electricidad puede durar. El flujo constante de electrones libres se llama corriente eléctrica.

24

La corriente eléctrica se mueve cuando los electrones libres de un átomo pasan al siguiente átomo. Para ver cómo funciona, arma una fila con tus amigos. Susurra una palabra a la persona que está a tu lado. Si todos susurran la palabra a la siguiente persona, la palabra llega hasta el final de la fila. La corriente eléctrica circula de la misma manera a lo largo de un cable. Los átomos del cable se quedan en su lugar mientras los electrones libres circulan de un átomo al otro.

Nadie se mueve de su lugar en tu fila, pero la palabra que susurras pasa de una persona a la otra. Así se mueve la electricidad.

La corriente eléctrica circula fácilmente a través de algunos materiales. Estos materiales se llaman conductores eléctricos. La plata, el cobre y el hierro son buenos conductores eléctricos.

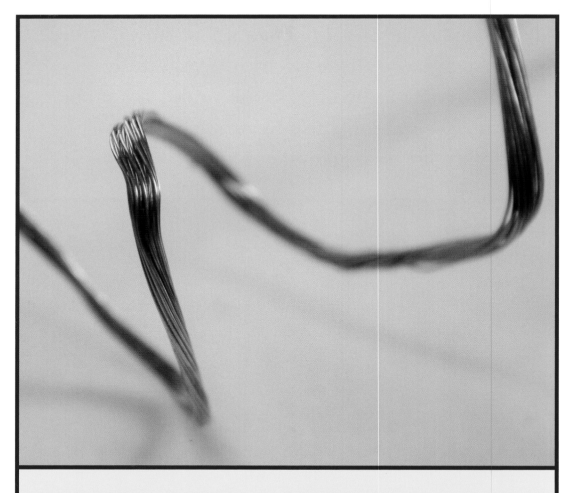

Este cable de cobre es un buen conductor. Transporta bien la corriente eléctrica.

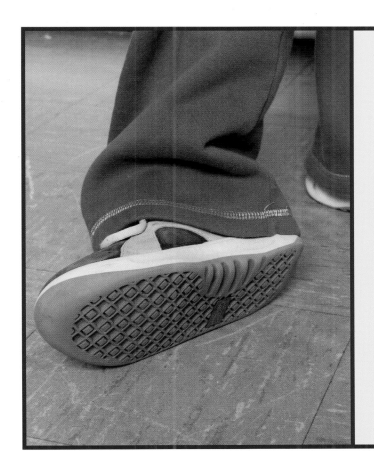

Las suelas de tus zapatos están hechas de hule. El hule es un buen aislante. La electricidad no viaja bien a través del hule.

Algunos materiales no transportan bien la corriente eléctrica. Estos materiales se llaman aislantes. El vidrio, la porcelana, la madera y el hule son buenos aislantes. Un aislante puede evitar que sufras una descarga eléctrica. Los cables eléctricos están envueltos en hule para evitar que la corriente eléctrica lastime a las personas.

Ya sabes que la electricidad estática no dura mucho tiempo. Pero puede ser muy potente. ¿Sabías que el relámpago es un tipo de energía estática?

Cuando frotaste el globo contra tu cabello, creaste electricidad estática. Pero ¿de dónde proviene la corriente eléctrica?

Cuando se unen ciertos materiales, se puede crear una corriente eléctrica. Estos materiales están en el interior de las pilas. Crean electricidad dentro de la pila.

Hay pilas de todas las formas y tamaños. ¿En qué cosas has usado pilas? ¿Una linterna? ¿Un videojuego?

Las pilas son una fuente útil de electricidad. Hay muchos tipos de pilas. Usamos pilas en linternas, reproductores de CD, cámaras e incluso en los automóviles.

Puedes usar una pila para hacer que fluya una corriente eléctrica. Necesitarás una pila de tamaño D, una bombilla de linterna, una pinza de colgar ropa, cinta transparente y una tira de papel de aluminio. Dobla el papel de aluminio para crear una tira larga, delgada y plana.

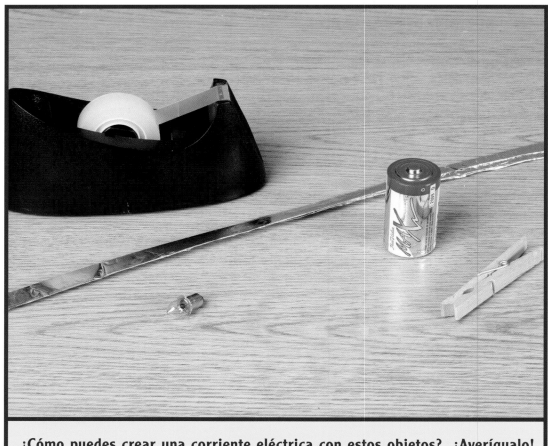

¿Cómo puedes crear una corriente eléctrica con estos objetos? ¡Averígualo!

Ahora la pila está fría al tacto, pero el flujo de electricidad la calienta.

Observa la pila. El extremo de la pila que tiene un tope se llama el polo positivo. El extremo plano es el polo negativo. Toca cada polo. ¿Están calientes? No, pero puedes calentarlos al crear una corriente eléctrica.

Con la cinta, sujeta firmemente un extremo de la tira de aluminio en el polo negativo. ¿El polo estaba caliente? No. Ahora coloca el otro extremo de la tira de aluminio en el polo positivo. ¿Ahora los polos comienzan a calentarse? Sí. Esto sucede porque circula una corriente eléctrica. Las corrientes eléctricas crean calor.

La pila no se calentará tanto que te pueda quemar, pero si te parece que está demasiado caliente, simplemente déjala sobre la mesa.

La tira de papel aluminio conecta los dos polos. Crea un camino de un extremo de la pila hasta el otro.

La corriente circuló porque hiciste un camino por el que podía fluir. Este camino se llama circuito. La electricidad necesita un circuito para poder circular. El circuito debe conectar los polos negativo y positivo de la pila. El circuito también debe estar cerrado. Un circuito cerrado es un camino sin interrupciones.

Forma un círculo con el pulgar y el dedo
índice. ¿Puedes seguir todo el camino alrededor del
círculo con el dedo índice de tu otra mano? ¡Sí!
Tus dedos forman un circuito cerrado.

Si colocas tus dedos en señal de "okey", puedes entender mejor cómo funciona un circuito cerrado. Tus dedos forman un circuito completo.

Cuando tus dedos no se tocan, no formas un circuito completo. Hay un hueco. También hay un hueco, o un espacio, en los circuitos que no están cerrados.

Ahora, aleja el pulgar del dedo índice. Esta vez, hay un espacio entre tus dedos. No puedes hacer un círculo completo. Tus dedos no forman un circuito cerrado.

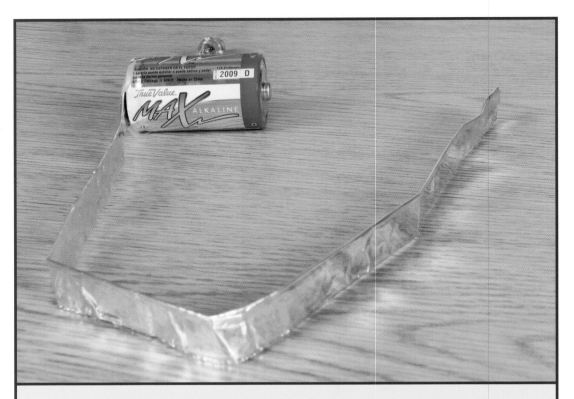

La tira no forma un circuito completo. El círculo no une el polo negativo con el polo positivo. La electricidad no puede viajar por la tira.

Observa la pila y la tira de aluminio. Un extremo de la tira está pegado al polo negativo. El otro extremo no toca el polo positivo. No puedes seguir la tira de un polo hasta el otro sin levantar el dedo. Eso quiere decir que no es un circuito cerrado. ¿Cómo puedes cerrar el circuito?

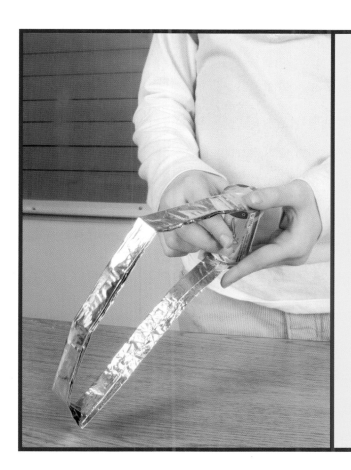

Este circuito está completo. Conecta los polos negativo y positivo, y no hay huecos a lo largo. La electricidad puede circular a través de la tira de aluminio.

Sostén el extremo suelto de la tira contra el polo positivo. ¿Puedes seguir la tira de un polo hasta el otro sin levantar el dedo? Sí. Has creado un circuito cerrado. Sabes esto porque los polos están calientes. Eso significa que está circulando la corriente eléctrica. La corriente sólo circula a través de un circuito cerrado.

Para circular, la corriente eléctrica necesita un circuito cerrado. Pero ¿qué hace que la corriente se mueva? Los electrones libres necesitan un empujón para moverse. Ese empujón proviene de una fuerza eléctrica. La fuerza eléctrica se mide en unidades llamadas voltios. Tu pila tiene 1.5 voltios. Esa fuerza es suficiente para empujar las cargas eléctricas a través de la tira.

Busca la palabra *voltios* o la letra *V* en tu pila. Cada pila tiene una cantidad determinada de voltios. Mientras más voltios tiene una pila, mayor es el "empujón" que le da a la corriente eléctrica.

El papel aluminio está hecho del metal aluminio. El aluminio es un conductor eléctrico. Esto significa que la tira puede conducir electricidad a la bombilla.

Los voltios hacen que la corriente eléctrica siga circulando. La corriente en circulación encenderá la bombilla de la linterna. Pero para que esto suceda, necesitas un circuito cerrado. Envuelve el extremo libre de la tira de aluminio alrededor de la parte metálica de la bombilla. Sujétalo con la pinza de colgar la ropa. Asegúrate de que el otro extremo de la tira esté pegado al polo negativo.

La parte metálica en la parte inferior de la bombilla se llama punto de contacto. El contacto metálico es un buen conductor de la electricidad.

Para que la bombilla se encienda, el punto de contacto debe ser parte de un circuito completo. ¿Puedes formar un circuito completo?

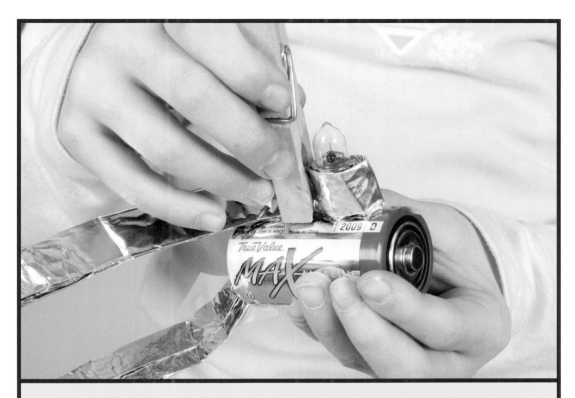

¿Se enciende la bombilla si el punto de contacto toca el costado de la pila? No, porque la pila está cubierta de plástico. El plástico es un aislante.

Haz que el punto de contacto de la bombilla toque el polo negativo de la pila. El metal del polo es un buen conductor. ¿La bombilla se enciende? No. No se enciende porque el polo negativo no está conectado con el polo positivo. Todavía no has creado un circuito cerrado.

Haz que el punto de contacto toque el polo positivo. ¿Se enciende la bombilla? ¡Sí! Ahora el circuito está cerrado. La corriente eléctrica circula desde el polo negativo. Circula a través de la tira de aluminio hasta la bombilla y luego hasta el polo positivo. El circuito está completo. La corriente eléctrica pasa a través de los cables del interior de la bombilla y la enciende.

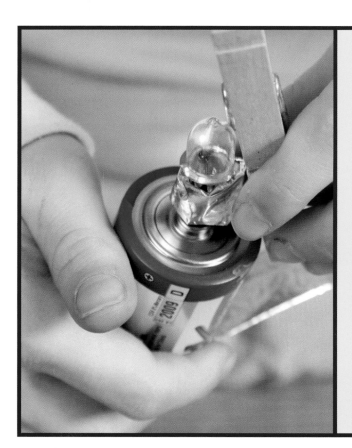

En el interior de la bombilla hay dos cables rectos conectados por un alambre delgado en forma de resorte. Cuando cierras el circuito, el resorte brilla y la bombilla se enciende.

¡La próxima vez que leas a la luz de una lámpara, piensa en cómo funciona la electricidad!

La electricidad sirve para hacer funcionar muchos tipos de máquinas y para crear calor. También puede crear luz. ¡Resulta muy útil para leer un libro de noche!

SOBRE COMPARTIR UN LIBRO

Al compartir un libro con un niño, usted demuestra que leer es importante. Para aprovechar al máximo esta experiencia, lean en un lugar cómodo y tranquilo. Apaguen el televisor y eviten otras distracciones, como el teléfono. Estén preparados para comenzar despacio. Túrnense para leer distintas partes del libro. Deténganse de vez en cuando para hablar de lo que están leyendo. Hablen sobre las fotografías. Si el niño comienza a perder interés, dejen de leer. Cuando retomen el libro, repasen las partes que ya han leído.

DETECTIVE DE PALABRAS

La lista de la página 5 contiene palabras que son importantes para entender el tema de este libro. Conviértanse en detectives de palabras y búsquenlas mientras leen juntos. Hablen sobre el significado de las palabras y cómo se usan en la oración. ¿Alguna de estas palabras tiene más de un significado? La definición de las palabras se encuentra en el glosario de la página 46.

¿QUÉ TAL UNAS PREGUNTAS?

Use preguntas para asegurarse de que el niño entiende la información del libro. He aquí algunas sugerencias:

> ¿Qué nos dice este párrafo? ¿Qué muestra la imagen? ¿Qué crees que aprenderemos ahora? ¿Cuáles son las tres partes de un átomo? ¿Los electrones tienen una carga positiva o negativa? ¿Qué es la electricidad estática? ¿Cómo llamamos al material que transporta bien una corriente eléctrica? ¿Qué es un circuito cerrado? ¿Cuál es tu parte favorita del libro? ¿Por qué?

Si el niño tiene preguntas, no dude en responder con otras preguntas, como: ¿Qué crees *tú*? ¿Por qué? ¿Qué es lo que no sabes? Si el niño no recuerda algunos datos, consulten el índice.

PRESENTACIÓN DEL ÍNDICE

El índice le permite al lector encontrar información sin tener que revisar todo el libro. Consulte el índice de la página 48. Elija una entrada, por ejemplo, *circuitos* y pídale al niño que use el índice para averiguar las diferencias entre un circuito cerrado y un circuito abierto. Repita este proceso con todas las entradas que desee. Pídale al niño que señale las diferencias entre el índice y el glosario. (El índice le sirve al lector para encontrar información, mientras que el glosario explica el significado de las palabras.)

LA ELECTRICIDAD Y LA ENERGÍA

LIBROS

Glover, David. *Batteries, Bulbs, and Wires.* New York: Kingfisher Books, 1993. Glover presenta información sobre la electricidad y sugiere actividades simples para que los lectores la comprendan mejor.

Good, Keith. *Zap It!: Exciting Electricity Activities.* Minneapolis: Lerner Publications Company, 1999. Haz estos divertidos experimentos y actividades para comprender mejor cómo funciona la electricidad.

Parker, Steve. *Electricity.* New York: Dorling Kindersley, 2000. Este atractivo libro visual es una buena introducción a muchas ideas sobre la electricidad.

Riley, Peter. *Electricity.* New York: Franklin Watts, 1998. Este libro proporciona a los lectores una descripción general de los conceptos básicos de la electricidad.

VanCleave, Janice. *Janice VanCleave's Electricity: Mind-Boggling Experiments You Can Turn into Science Fair Projects.* New York: John Wiley & Sons, Inc., 1994. VanCleave anima a los lectores a usar experimentos para explorar cómo funciona la electricidad.

SITIOS WEB

Dialogue for Kids: Electricity
http://idahoptv.org/dialogue4kids/season3/electricity/facts.html
Este sitio habla de dónde proviene la electricidad, los tipos de electricidad, cómo se usa y mucho más.

Energy Kid's Page: Energy History
http://www.eia.doe.gov/kids/history/index.html
Este sitio Web de la Administración de Información de la Energía tiene líneas cronológicas que muestran los descubrimientos sobre la energía.

NASA Science Files: Understanding Electricity
http://whyfiles.larc.nasa.gov/text/kids/Problem_Board/problems/electricity/electricity2.html
Este sitio presenta una descripción general de ideas básicas sobre la electricidad.

GLOSARIO

aislante: un material que no transporta bien la corriente eléctrica

átomos: las partículas diminutas que forman las cosas

carga eléctrica: la energía de un átomo o parte de un átomo. Cuando los átomos ganan o pierden electrones, obtienen carga eléctrica.

carga negativa: la carga que tiene una sustancia si sus átomos han ganado electrones de más de otros átomos

carga positiva: la carga que una sustancia tiene si sus átomos han perdido electrones hacia otros átomos

circuito: el camino que sigue una corriente eléctrica

conductores: materiales que transportan bien la corriente eléctrica

corriente: el flujo de electricidad a través de algo

electricidad estática: energía creada entre objetos que tienen cargas eléctricas diferentes

electrones: las partes de un átomo que tienen una carga negativa. Los electrones circulan alrededor del centro de un átomo.

ión: un átomo que ha ganado o perdido electrones

núcleo: el centro de un átomo. El núcleo está hecho de protones y neutrones.

órbita: un camino circular u ovalado. Los electrones siguen una órbita alrededor del centro de un átomo.

partículas: partes diminutas

polo: uno de los extremos de una pila. Cada pila tiene un polo positivo y un polo negativo.

ÍNDICE

Las páginas indicadas en **negritas** hacen referencia a fotografías.